Croeso i'r Baban

Cofnod o flwyddyn gyntaf Baban

Lluniau Gail Yerrill
Addasiad Sioned Lleinau

Cyn dod i'r Byd

Cafodd Mam a Dad wybod
fy mod i ar fy ffordd pan: ....

Tybiai Mam mai:
☐ merch ☐ bachgen
fyddwn i.

Tybiai Dad mai:
☐ merch ☐ bachgen
fyddwn i.

Roeddwn i fod i gael fy ngeni ar:

Clywodd Mam a Dad guriad
fy nghalon am y tro cyntaf ar:

Teimlodd Mam fi'n cicio
am y tro cyntaf ar:

Disgwyl i Mi Gyrraedd

Dyma lun o Mam
pan oedd hi'n feichiog!

Dyma rai o'r enwau y bu Mam a Dad
yn eu hystyried:

Enwau bechgyn:

Enwau merched:

Pan oedd Mam yn feichiog roedd hi wrth ei bodd gyda'r bwydydd hyn:

Ond roedd yn gas ganddi'r bwydydd hyn:

Bu'r teulu'n paratoi'n brysur ar fy nghyfer drwy:

Fy Nheulu
Mam-gu/Nain
Tad-cu/Taid
Mam-gu/Nain
Tad-cu/Taid
Mam
Dad
Fi!
Fy mrodyr
Fy chwiorydd

Dyma fy nheulu i!

Aelodau arbennig eraill o'r teulu yw:

Diwrnod Fy Ngeni

Roedd Mam yn gwybod mod i
ar fy ffordd pan: ______________

Dyddiad fy ngeni oedd:
____

Amser fy ngeni oedd:
____

Man fy ngeni oedd:
____

Cymerodd ________ awr
i mi gael fy ngeni.

oedd lliw fy ngwallt.

oedd lliw fy llygaid.

Roeddwn i'n pwyso:

Roeddwn i'n mesur:

Yr enw a ddewisodd Mam a Dad i mi oedd:

Ystyr fy enw yw:

Dewiswyd yr enw hwn oherwydd:

Croeso i'r Baban!

Mae'n debyg fy mod yn
edrych debycaf i:

Y dillad cyntaf i mi
eu gwisgo oedd:

Y tegan cyntaf i mi
ei dderbyn oedd:

Dyma'r ffrindiau ddaeth i ngweld i:

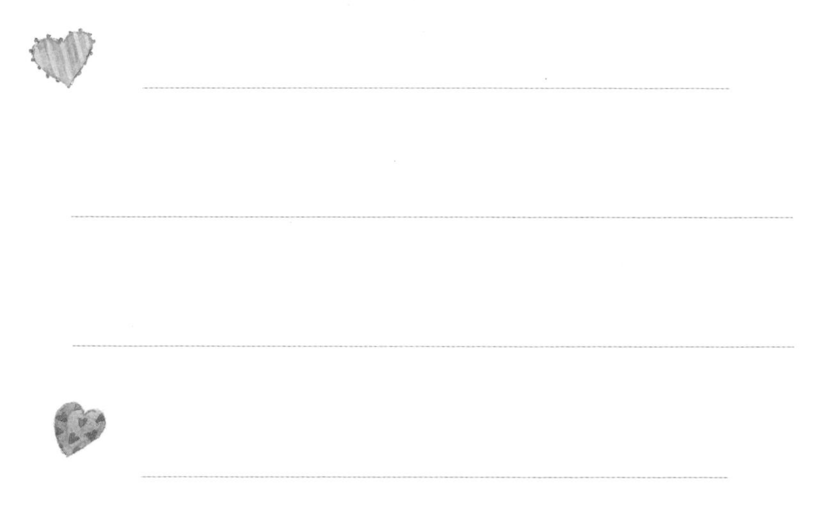

Fy hoff anrhegion oedd:

 Diwrnod i'w Gofio 

Pan gefais fy ngeni,

oedd y Prif Weinidog.

Enw hoff fand Mam oedd:

Enw'r gân oedd ar frig
y siartiau oedd:

Enw hoff fand Dad oedd:

Dyma rai toriadau o
bapurau newydd ar ddiwrnod fy ngeni:

Pris llaeth oedd:
Pris papur newydd oedd:
Dyma enghraifft
o stamp y cyfnod:
Anrheg
Arbennig Iawn
Rhowch
eich stamp
yma.
Rhai o sêr y byd chwaraeon oedd:
Rhai o sêr byd y ffilm oedd:

Fy Wythnos Gyntaf

Cefais fynd adref ar: ____________________

____

Cyfeiriad fy nghartref cyntaf oedd:

____

____

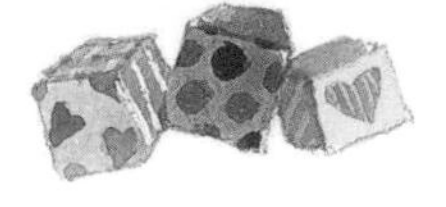

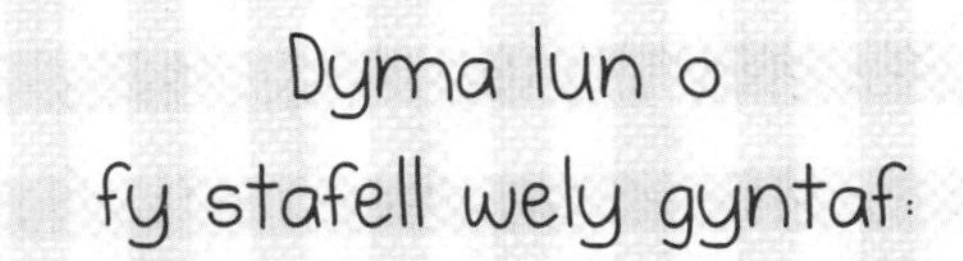

Ar y noson gyntaf ar ôl cyrraedd adref,
cysgais am .... awr.

Cysgodd Mam a Dad am .... awr.

Cefais fy mwydo .... gwaith.

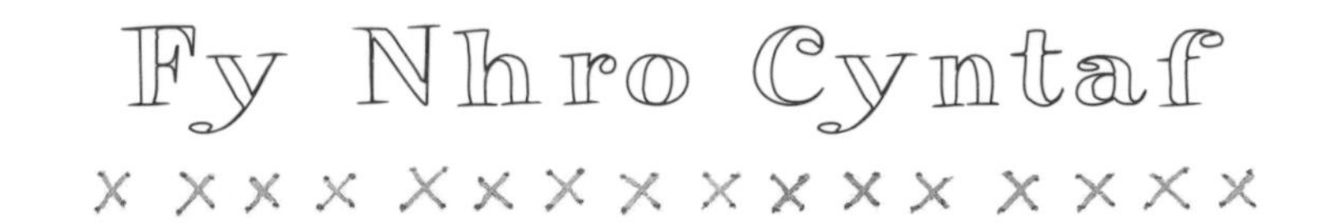

Fy Nhro Cyntaf

Cysgais drwy'r nos am y tro cyntaf pan
oeddwn i'n ______ oed.

Y person cyntaf i mi
wenu arno/arni oedd:

______

Y person cyntaf i mi
godi llaw arno/arni oedd:

______

Curais fy nwylo am y tro cyntaf
pan oeddwn i'n ______ oed.

Llwyddais i ddal fy mhen i fyny ar fy mhen fy hun pan oeddwn i'n ________ oed.

Llwyddais i eistedd i fyny ar fy mhen fy hun pan oeddwn i'n ________ oed.

Dechreuais gropian pan oeddwn i'n ________ oed.

Cymerais fy ngham cyntaf pan oeddwn i'n ________ oed.

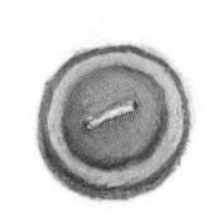

Dyma Fi'n Tyfu

Tri Mis Oed

Dyddiad:

Taldra:

Pwysau:

Chwe Mis Oed

Dyddiad:

Taldra:

Pwysau:

Naw Mis Oed

Dyddiad:

Taldra:

Pwysau:

Blwydd Oed

Dyddiad:

Taldra:

Pwysau:

Dyma olion fy nwylo!

Dyma gudyn o ngwallt!

Daeth fy nant cyntaf i'r golwg
pan oeddwn i'n ______________ oed.

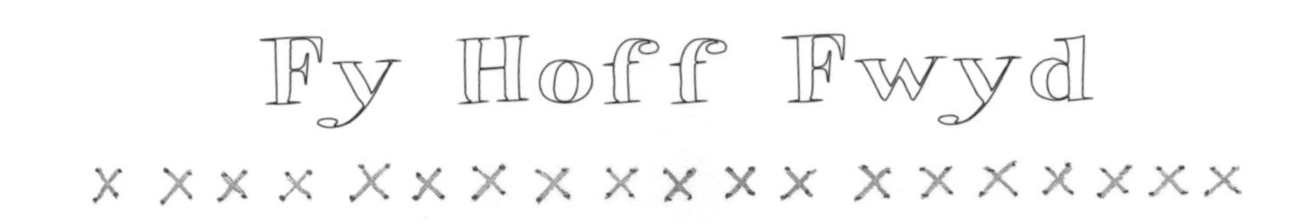

Fy Hoff Fwyd

Roeddwn i wrth fy modd yn bwyta:

Roedd yn gas gen i fwyta:

Dyma lun ohona i'n
mwynhau fy mwyd!

Y bwyd solet cyntaf i mi ei fwyta oedd:

Gafaelais mewn cwpan am y tro cyntaf
pan oeddwn i'n ____________ oed.

Defnyddiais lwy fy hun am y tro cyntaf
pan oeddwn i'n ____________ oed.

Eisteddais mewn cadair uchel am y
tro cyntaf pan oeddwn i'n ____________ oed.

Amser Chwarae

Dyma lun ohona i'n chwarae
gyda fy hoff degan:

Enw fy hoff degan oedd: ....

Cefais y tegan hwn
yn anrheg gan: ....

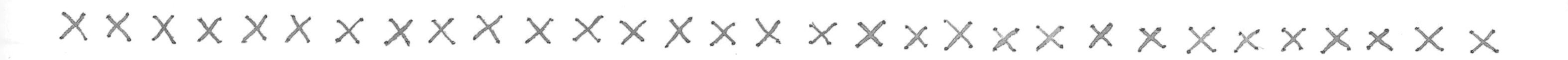

Dyma restr o rai o fy hoff deganau eraill:

Dyma restr o rai o fy hoff gêmau:

Dyma deitlau rhai o fy hoff lyfrau:

Fy Ngeiriau Cyntaf

Y gair cyntaf erioed i mi ei yngan oedd: ....

.... oedd y gair cyntaf i mi ei ddefnyddio am 'Mam'.

.... oedd y gair cyntaf i mi ei ddefnyddio am 'Dad'.

Dyma ambell air arall oedd gennyf am bethau arbennig:

.... oedd yn golygu ....

.... oedd yn golygu ....

.... oedd yn golygu ....

Fy hoff hwiangerddi oedd:

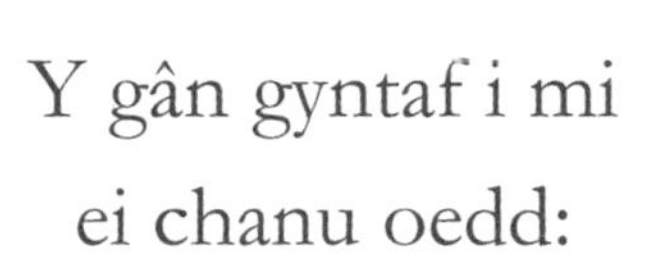

Y gân gyntaf i mi
ei chanu oedd:

Fy hoff gân i ddawnsio
iddi oedd:

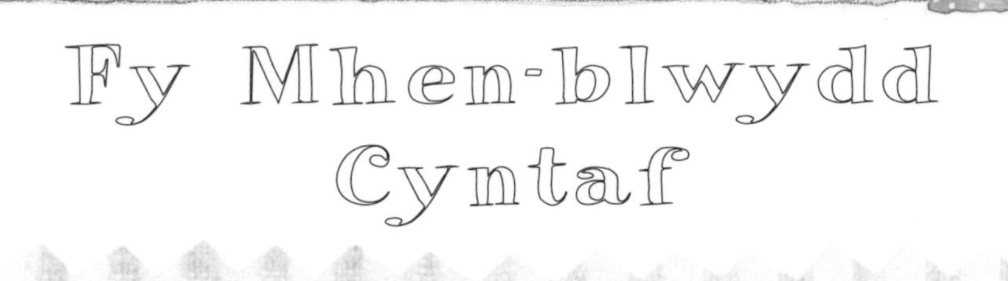

Dyma lun ohona i ar fy mhen-blwydd cyntaf!

Dyma pwy ddaeth i'r parti:

Dyma rai o'r gêmau y buom ni'n eu chwarae:

Fy hoff anrhegion oedd:

Dyma beth gawsom ni i'w fwyta:

Atgofion Arbennig

Rhai o atgofion mwyaf arbennig
fy mlwyddyn gyntaf yw: